CHANSONNIER
PROVENÇAL

CHANTS DES FÉLIBRES ET DES CIGALIERS

*Ame moun vilage mai que toun vilage,
Ame ma Prouvenço mai que ta prouvinço,
Ame la Franço mai que tout!*

Félix Gras.

PARIS
ALPHONSE LEMERRE, ÉDITEUR
27-31 PASSAGE CHOISEUL 27-31

M DCCC LXXXVII

CHANSONNIER

PROVENÇAL

CE CHANSONNIER A ÉTÉ PUBLIÉ

PAR LES SOINS DU COMITÉ DES FÊTES DU SOLEIL

et du

FÉLIBRIGE DE PARIS

CHANSONNIER
PROVENÇAL

CHANTS DES FÉLIBRES ET DES CIGALIERS

*Ame moun vilage mai que toun vilage,
Ame ma Prouvenço mai que ta prouvinço,
Ame la Franço mai que tout!*

FÉLIX GRAS.

PARIS
ALPHONSE LEMERRE, ÉDITEUR
27-31, PASSAGE CHOISEUL, 27-31

M DCCC LXXXVII

PRÉFACE

—

Le mouvement littéraire, dont les Félibres de Provence, héritiers légitimes des troubadours, ont pris si vaillamment l'initiative, a fait s'épanouir, en terre française, une brillante floraison poétique dont la patrie a le droit d'être fière ; car les poètes provençaux sont des poètes français, et, comme l'a dit M. Jules Simon, « si la langue provençale n'est pas la langue française, c'est une langue française » : elle nous appartient par ses origines, par le cœur de ceux qui la parlent, par sa ressemblance avec notre vieux langage français, par les services qu'elle a rendus et peut rendre encore à la littérature nationale, trop envahie par la linguistique étrangère, en l'enrichissant et l'embellissant de termes conformes au génie latin de notre race.

Les œuvres, que la renaissance provençale a déjà sus

citées sont aussi remarquables que variées : l'Académie française en a maintes fois consacré la haute valeur et les maîtres de la critique, comme nos plus grands poètes, en ont souvent proclamé l'importance : le même jugement a été porté sur elles par Saint-Réné-Taillandier et Lamartine, par Sainte-Beuve et Victor Hugo.

Mais le Félibrige n'est pas seulement une école littéraire ; il s'est donné aussi l'agréable et saine mission, en ce temps de banalité monotone et d'uniformité, d'apporter des éléments de pittoresque, de variété dans le concert national et surtout d'entretenir la gaieté, la vieille bonne humeur française, de mettre en honneur les fêtes populaires, les banquets fraternels, où la melodie des chansons alterne avec les accords du tambourin.

Sous les marronniers du parc de Sceaux, comme sous les figuiers de la Barthelasse, aux bords de la Seine comme sur les rives du Rhône, dès que le soleil de Mai fait fleurir les roses, les Félibres s'assemblent pour chanter, verre en main, le renouveau de la nature et la joie de vivre.

C'est alors, quand le vin papal de Châteauneuf pétille dans la coupe symbolique, qu'après les brindes chaleureux, les chansons, tantôt mélancoliques et amoureuses, tantôt joyeuses et plaisantes, les refrains répétés en chœur résonnent, pendant des heures entières, allumant au cœur de tous l'enthousiasme et l'allégresse.

Le Félibrige parisien, d'accord avec le Comité de la Presse, a voulu apporter aux Fêtes du Soleil, — affirmation éclatante de la solidarité nationale, — comme un écho de ces réunions poétiques, en publiant quelques-uns de ces chants méridionaux, ceux-là que, depuis de longues années, les Félibres entonnent à la fin de leurs banquets.

Puissent ces couplets alertes, improvisés presque tous, à la suite de quelque manifestation littéraire, être le soulas de nos malheureux compatriotes, dont ils furent si souvent « la joio et lou passo-tèms », comme dit, en son célèbre Armana, Maître Roumanille, qui nous crie d'Avignon :

Dau ! Dau ! Tambourin,
Boutas-vous en trin !

ALBERT TOURNIER.

Paris, 23 décembre 1886.

MAGALI

Air populaire.

O Magali, ma tant amado,
Mete la tèsto au fenestroun !
Escouto un pau aquesto aubado
De tambourin e de viouloun.

Es plen d'estello, aperamount
    L'auro es toumbado,
Mai lis estello paliran,
    Quand te veiran !

MAGALI

« O *Magali*, ma bien aimée, mets ta tête à la fenêtre ! Écoute un peu cette aubade de tambourins et de violons.

« Le ciel est là-haut plein d'étoiles. Le vent est tombé, mais les étoiles pâliront en te voyant. »

— Pas mai que dòu murmur di broundo
De toun aubado iéu fau cas!
Mai iéu m'envau dins la mar bloundo
Me faire anguielo de roucas.

— O Magali! se tu te fas
    Lou pèis de l'oundo,
Iéu, lou pescaire me farai,
    Te pescarai!

— Oh! mai, se tu te fas pescaire,
Ti vertoulet quand jitaras,
Iéu me farai l'aucèu voulaire,
M'envoularai dins li campas.

— O Magali, se tu te fas
    L'aucèu de l'aire,
Iéu lou cassaire me farai,
    Te cassarai.

« *Pas plus que du murmure des branches, de ton aubade je ne me soucie! Mais je m'en vais dans la mer blonde me faire anguille de rocher.* »

« *O Magali, si tu te fais le poisson de l'onde, moi, le pêcheur je me ferai, je te pêcherai!* »

« *Oh! mais, si tu te fais pêcheur, quand tu jetteras tes verveux, je me ferai l'oiseau qui vole, je m'envolerai dans les landes.* »

« *O Magali, si tu te fais l'oiseau de l'air, je me ferai, moi, le chasseur, je te chasserai.* »

— I perdigau, i bouscarido,
Se venès, tu, cala ti las,
Iéu me farai l'erbo flourido
E m'escoundrai dins li pradas.

O Magali, se tu te fas
　　La margarido,
Iéu l'aigo lindo me farai,
　　T'arrousarai.

— Se tu te fas l'aigueto lindo,
Iéu me farai lou nivoulas,
E lèu m'enanarai ansindo
A l'Americo, perabas !

— O Magali, se tu t'envas
　　Alin is Indo,
L'auro de mar iéu me farai,
　　Te pourtarai !

« *Aux perdreaux, aux becs-fins, si tu viens tendre tes lacets, je me ferai, moi, l'herbe fleurie, et me cacherai dans les prés vastes* »

« *O Magali, si tu te fais la marguerite, je me ferai, moi, l'eau limpide, je t'arroserai.* »

« *Si tu te fais l'onde limpide, je me ferai, moi, le grand nuage, et promptement m'en irai ainsi en Amérique, là-bas bien loin !* »

« *O Magali, si tu t'en vas aux lointaines Indes, je me ferai, moi, le vent de mer, je te porterai !* »

— Se tu te fas la marinado,
Iéu fugirai d'un autre las :
Iéu me farai l'escandihado
Dou grand soulèu que found lou glas !

— O Magali, se tu te fas
    La souleiado,
Lou verd limbert iéu me farai,
    Et te béurai !

— Se tu te rèndes l'alabreno
Que se rescound dins lou bartas,
Iéu me rendrai la luno pleno
Que dins la niue fai lume i masc !

— O Magali, se tu te fas
    Luno sereno,
Iéu, bello nèblo me farai
    T'acatarai.

« *Si tu te fais le vent marin, je fuirai d'un autre côté: je me ferai l'échappée ardente du grand soleil qui fond la glace !* »

« *O Magali, si tu te fais le rayonnement du soleil, je me ferai, moi, le vert lézard, et te boirai.* »

« *Si tu te rends la salamandre qui se cache dans le hallier, je me rendrai, moi, la lune pleine qui éclaire les sorciers dans la nuit !* »

« *O Magali, si tu te fais lune sereine, je me ferai, moi, belle brume, je t'envelopperai.* »

— Mai se la néblo m'enmantello,
Tu, pèr aco, noun me tendras;
Iéu, bello roso vierginello,
M'espandirai dins l'espinas !

O Magali, se tu te fas
   La roso bello,
Lou parpaioun iéu me farai,
   Te beisarai.

— Vai, calignaire, courre, courre !
Jamai, jamai m'agantaras.
Iéu, de la rusco d'un grand roure
Me vestirai dins lou bouscas.

— O Magali, se tu te fas
   L'aubre di mourre,
Iéu lou clot d'èurre me farai,
   T'embrassarai !

« *Mais si la brume m'enveloppe, pour cela tu ne me tiendras pas; moi, belle rose virginale, je m'épanouirai dans le buisson !* »

« *O Magali, si tu te fais la rose belle, je me ferai, moi, le papillon, je te baiserai.* »

« *Va, poursuivant, cours, cours ! jamais, jamais tu ne m'atteindras. Moi, de l'écorce d'un grand chêne je me vêtirai dans la forêt sombre.* »

« *O Magali, si tu te fais l'arbre des mornes, je me ferai, moi, la touffe de lierre, je t'embrasserai !* »

— Se me vos prene à la brasseto,
Rèn qu'un vièi chaine arraparas...
Iéu me farai blanco moungeto
Dou mounastié dou grand Sant Blas !

— O Magali, se tu te fas
    Mounjo blanqueto,
Iéu, capelan, counfessarai,
    Et t'ausirai !

— Se dou couvènt passes li porto,
Touti li mounjo trouvaras
Qu'à moun entour saran pèr orto,
Car en susàri me véiras !

— O Magali, se tu te fas
    La pauro morto,
Adounc la terro me farai,
    Aqui t'aurai !

  « *Si tu veux me prendre à bras-le-corps, tu ne saisiras qu'un vieux chêne... Je me ferai blanche nonnette du monastère du grand Saint Blaise !* »

  « *O Magali, si tu te fais nonnette blanche, moi, prêtre, à confesse, je t'entendrai !* »

  « *Si du couvent tu passes les portes, tu trouveres toutes les nonnes autour de moi errantes, car en suaire tu me verras !* »

  « *O Magali, si tu te fais la pauvre morte, adoncques je me ferai la terre, là je t'aurai !* »

— Aro coumence enfin de crèire
Què noun me parles en risènt.
Vaqui moun aneloun de vèire
Pèr souvenènço, o bèu jouvènt!

— O Magali, me fas de bèn!...
    Mai, tre te vèire,
Ve lis estello, o Magali,
    Coume an pali !

FRÉDÉRIC MISTRAL.

« *Maintenant je commence enfin à croire que tu ne me parles pas en riant. Voici mon annelet de verre pour souvenir, beau jouvenceau !* »

« *O Magali, tu me fais du bien !... Mais, dès qu'elles t'ont vue, ô Magali, vois les étoiles, comme elles ont pâli !* »

LOU PONT DOU GARD

Musique de M. Jules Arène.

De cèu blu n'a plen si bàrri,
Dré dins li gourg dou Gardoun,
Lou porto-aigo soulitàri,
Lou vièi pont à l'abandoun.

Sus lou frountau que degruno,
Te menarai pèr la man ;
De soulèu emai de luno
Quant n'a vist lou pont rouman !

LE PONT DU GARD

L'azur emplit ses murailles, et droit dans les gouffres du Gardon, il se dresse solitaire, le vieux pont abandonné.

Sur la corniche croulante, je te mènerai par la main ; de soleils et aussi de lunes, qu'il en a vu le pont romain !

Sarro-te sus moun espalo ;
Es tant brave d'avé pou !
Alin ris l'aigo verdalo
E canton li roussignou.

Vai plan, moun bras t'encenturo ;
Fai-me'n poutoun, res nous vèi.
Dins lou tremount, sus l'auturo,
Sian pichot e sian li rèi !

Souto lis arcado sauro,
Boufo l'auro dou valoun ;
Laisso-me fou comme l'auro
Esfarraja ti péu blound.

Long dou camin de Sant Jaque
l'a'n vou d'astre trefouli ;
Qu'uno estello se destaque,
Anarai te la culi.

Serre-toi contre mon épaule, il est si bon d'avoir peur ! En bas frissonne l'eau verte et chantent les rossignols.

Va doucement, mon bras te fait ceinture : Un baiser ! personne ne nous voit... Dans le couchant, sur les cimes, nous sommes petits et nous sommes les rois !

Entre les arches dorées, souffle le vent du vallon ; laisse-moi, fou comme le vent, fourrager tes blonds cheveux.

Le long du Chemin de Saint-Jacques* passe un vol d'astres ivres de joie ; qu'une étoile se détache, et j'irai te la cueillir.

* Voie lactée.

Lou viei porto-aigo, o ma bello,
Sèmblo i gènt enca proun aut;
Pèr t'avè 'n bouquet d'estello,
l'apoundren quàuqui pourtau.

PAUL ARÈNE — THÉODORE AUBANEL.

Le vieil aqueduc, ma belle, semble aux gens, certes, assez haut;
pour t'avoir un bouquet d'étoiles, nous y ajouterons quelques arcades.

LI CIGALIÉ

Air : *Et roun lon la, la bouteille!*

Li Cigalié
Fau que brindon, fau que canton.
Li Cigalié
Soun dedins lou fourniguié.

Soun vengu dins Paris noun per faire la quisto,
Li Cigalié soun fort e n'an besoun de res,
Mai volon en cantant faire grando counquisto.
Vaqui per qu'an quita lou soulèu e li gres.

LES CIGALIERS

Les Cigaliers, faut qu'ils toastent, faut qu'ils chantent, les Cigaliers sont dans la fourmilière.

Ils ne sont pas venus à Paris pour faire la quête, les Cigaliers sont forts et n'ont besoin de rien. Mais ils veulent en chantant faire grande conquête. Voilà pourquoi ils ont quitté le soleil et les grès.

Venon per poutouna vosti blondi chatouno,
E li poutoun di brun i bloundo fan plesi,
Car un negre rasin culi subre la touno
Es toujour mai goustous qu'un blanc rasin chausi.

Venon per entouna l'inne de deliéuranço :
Vivo la liberta, li cant et li poutoun.
Arribas, cantaren ensen : Vivo la França !
Li fraire Cigalié vous dounaran lou toun.

Se n'ia pas proun di cant, nosti dono fournigo,
En Terro dou soulèu venès aperalin,
La Camargo e la Crau soun clafido d'espigo
Que fau per li cauca cent milo cavalin.

Se n'i'a pas proun dou blad, vou dounaren encaro
La frucho emai la flour, poudrès tout empourta.
Nautre nous fau de lum, de lum a pleno caro,
E piéi tout noste tèms lou passan a canta.

Ils viennent pour embrasser vos blondes jeunes filles et les baisers des bruns aux blondes font plaisir, car un noir raisin cueilli sous la tonnelle est toujours plus savoureux qu'un blanc raisin choisi.

Ils viennent pour entonner l'hymne de la délivrance : Vive la liberté, les chants et les baisers. Arrivez, nous chanterons ensemble : Vive la France ! Les frères cigaliers vous donneront le ton.

Si ce n'est pas assez des chants, nos dames fourmis, en Terre du Soleil, venez par là-bas ; la Camargue et la Crau sont couvertes d'épis, si nombreux, qu'il faut, pour les fouler, cent mille chevaux.

Si ce n'est pas assez du blé, nous vous donnerons encore les fruits avec les fleurs, vous pouvez tout emporter. A nous autres il faut de la lumière, de la lumière à plein visage et puis tout notre temps nous le passons à chanter.

Noun sian de trèbouleri, adounc douço fournigo,
Travaieren en pas e cantaren d'acord,
E quand se parlara de la cigalo amigo
Vosti neboud diran i neboudo dòu Nord :

« Lou vou un jour quitè la terro nourriguièro
« Li mirau clantissènt toutis à l'unissoun,
« Se traguè sus Paris, alor la Fourniguièro
« Venguè lou Cigaliè de touti li nacioun. »

   Li Cigalié
 Fau que brindon, fau que canton,
   Li Cigalié
 Soun mestre dou Fourmiguié.

FÉLIX GRAS.

Nous ne sommes pas des trouble-fête, adonc douces fourmis, vous travaillerez en paix et nous chanterons d'accord, et quand il se parlera de la cigale amie, vos neveux diront aux nièces du Nord :

« *Le vol un jour quitta la terre nourricière, les miroirs (élytres de la cigale) résonnant tous à l'unisson, et se jeta sur Paris, alors la* Fourmilière, *devint la* Cigalière *de toutes les nations.*

Les Cigaliers, faut qu'ils brindent, faut qu'ils chantent, les Cigaliers sont maîtres de la Fourmilière.

LA COUPO

Air de Saboly.

Prouvençau, veici la coupo
Que nous vèn di Catalan :
A-de-rèng beguen en troupo
Lou vin pur de noste plant.
 Coupo santo
 E versanto,
 Vuejo à plen bord,
 Vuejo abord
 Lis estrambord
 E l'enavans di fort !

LA COUPE

Provençaux, voici la coupe qui nous vient des Catalans : tour à tour buvons ensemble le vin pur de notre crû. Coupe sainte et débordante, verse à pleins bords, verse à flots les enthousiasmes et l'énergie des forts !

D'un vièi pople fièr et libre
Sian bessai la finicioun ;
E, se toumbon li Felibre,
Toumbara nosto nacioun.
    Coupo santo
    E versanto,
    Vuejo à plen bord,
    Vuejo abord
    Lis estrambord
    E l'enavans di fort !

D'uno raço que regreio
Sian bessai li proumié gréu ;
Sian bessai de la patrio
Li cepoun emai li priéu.
    Coupo santo
    E versanto,
    Vuejo à plen bord,
    Vuejo abord
    Lis estrambord
    E l'enavans di fort !

D'un ancien peuple fier et libre nous sommes peut-être la fin ; et, si les Félibres tombent, tombera notre nation. Coupe sainte et débordante, verse à pleins bords, verse à flots les enthousiasmes et l'énergie des forts !

D'une race qui regerme peut-être sommes-nous les premiers jets ; de la patrie, peut-être, nous sommes les piliers et les chefs, Coupe sainte et débordante, verse à pleins bords, verse à flots les enthousiasmes et l'énergie des forts !

Vuejo-nous lis esperanço
E li raive dou jouvent,
Dou passat la remembranço
E la fe dins l'an que vèn.
  Campo santo
   E versanto,
  Vuejo à plen bord,
   Vuejo abord
    Lis estrambord
  E l'enavans di fort!

Vuejo-nous la couneissènço
Dou Verai emai dou Bèu,
E lis àuti jouïssènço
Que se trufon dou toumbèu.
  Coupo santo
   E versanto,
  Vuejo à plen bord,
   Vuejo abord
    Lis estrambord
  E l'enavans di fort!

Verse-nous les espérances et les rêves de la jeunesse, le souvenir du passé et la foi dans l'an qui vient. Coupe sainte et débordante, verse à pleins bords, verse à flots les enthousiasmes et l'énergie des forts!

Verse-nous la connaissance du Vrai comme du Beau et les hautes jouissances qui se rient de la tombe. Coupe sainte et débordante, verse à pleins bords, verse à flots les enthousiasmes et l'énergie des forts!

Vuejo-nous la Pouësio
Pèr canta tout ço que viéu,
Car es elo l'ambrousio
Que tremudo l'ome en diéu.
 Coupo santo
 E versanto,
 Vuejo à plen bord,
 Vuejo abord
 Lis estrambord
 E l'enavans di fort!

Pèr la glori dou terraire
Vautre enfin que sias counsènt,
Catalan, de liuen, o fraire,
Coumunien toutis ensèn!
 Coupo santo
 E versanto,
 Vuejo à plen bord,
 Vuejo abord
 Lis estrambord
 E l'enavans di fort!

FRÉDÉRIC MISTRAL.

Verse-nous la Poésie pour chanter tout ce qui vit, car c'est elle l'ambroisie qui transforme l'homme en dieu. Coupe sainte et débordante, verse à pleins bords, verse à flots les enthousiasmes et l'énergie des forts!

Pour la gloire du pays, vous enfin nos alliés, Catalans, de loin, ô frères, tous ensemble communions! Coupe sainte et débordante, verse à pleins bords, verse à flots les enthousiasmes et l'énergie des forts!

LI FELIBRE DE PROUVENÇO

Air : *O bella Napoli.*

Souto lou grand ceù blanc,
L'oundado negro
Miraio, en barrulant,
La luno alegro ;
Dou goutique Avignoun
Palais et tourrihoun
Fan de dentello
Dins lis estello.

Avignoun grasiha
De l'escandiho,
Tamben de fes que i 'a
Lou jour soumiho ;

LES FÉLIBRES DE PROVENCE

Sous le grand ciel blanc, le flot sombre reflète, en roulant, la lune joyeuse ; du gothique Avignon, palais et tourelles font des dentelles dans les étoiles.

Avignon, grillé de rayons, tout de même quelquefois le jour

Mai s'acampo au soulèu
Si gai felibre, lèu
   Es di cigalo
   La capitalo.

Li cresien touti mort,
   Li vièi troubaire ;
Li fiéu an l'estrambord
   Mai que li paire :
Veici lou grand Mistrau,
Jamai las, jamai rau
   Et Roumaniho
   Tout armounio.

Crousillat e Tavan,
   A l'aubo primo
Courrigueron davan,
   Cercant li cimo ;
Èro un bèu matin, Gaut
Cantavo coume un gau
   — « Lou Felibrige
   Sort de l'aurige. »

sommeille ; mais s'il assemble au soleil ses gais félibres, vite il devient des cigales la capitale.

On les croyait tous morts, les vieux troubadours ; mais les fils ont l'enthousiasme plus que les vieux. Voici le grand Mistral, jamais las, jamais enroué, et Roumanille, tout harmonie.

Crousillat et Tavan, au point de l'aube coururent devant, cherchant les cimes ; c'était un beau matin, Gaut chantait comme un coq : « Le félibrige sort de l'orage ! »

Emé soun tambourin
    Flouca de veto,
Vidau jogo un refrin
    Sus sa flaveto;
Gras, qu'es un tron-de-diéu,
Se desboundo et Mathièu
    Pèr li chatouno
    N'a que poutouno.

E Roumieux tant galoi,
    Tant galejaire;
E Miquèu lou revoi
    Cansounejaire;
E lou tendre Brunet
Plourant si garçounet,
    E, bello roso,
    Anaïs-Roso.

Tirarié trop de long
    La letanio;
Ren agoto la font
    De pouesio;

Avec son tambourin pomponné de rubans, Vidal joue un refrain sur son galoubet; Gras, qui est un vaillant, déborde de verve, et Mathieu pour les fillettes n'a que des baisers.

Et Roumieux, si joyeux, si rieur; et Michel, le gaillard chansonnier; et le tendre Brunet, pleurant ses garçonnets; et, rose belle, Anaïs Rose.

Elle n'en finirait plus, la litanie; rien ne tarit la source de

Es coume un mes de Mai,
Toujour s'ausis que mai
    Cant de jouvenço
    Dins la Prouvenço..

Aubanèu semblo mut
    Mai lou fio couvo ;
S'enfounso i bos ramu
    Emè sa jouvo.
Un jour qu'aura lesi
Vous fara fernesi ;
    Counèis lis astre,
    Trèvo li pastre.

Dis estrange païs
    Que la mar bagno,
D'Irlando que gemis
    Emai d'Espagno
Arribon de causoun
Pleno de languisoun,
    D'iro et de flamo
    Abrant lis amo.

poésie : *c'est comme un mois de mai, toujours l'on n'entend que des chants de jeunesse dans la Provence.*

Aubanel semble muet, mais le feu couve ; il s'enfonce dans les bois touffus avec sa jouvencelle. Un jour qu'il en aura le loisir, il vous fera frissonner ; il connait les astres, il hante les pâtres.

Des pays étrangers que baigne la mer, d'Irlande qui gémit et d'Espagne, arrivent des chansons pleines de mélancolie, de colère et de flammes embrasant les âmes.

Segur lou mai fenat,
  Es milord Wyse;
Aqueù de pitre n'a,
  D'ardour et d'aise !
Escoutas Balaguer,
Terrible, dous e fier,
  E li zambougno
  De Catalougno.

Dins la coupo d'argent,
  A plen de bouco,
Beven lou vin tant gent
  De nosti souco.
Catalan, Prouvençau,
Tout bon felibre saup
  La lèi d'escrièure
  E la de bèure !

THÉODORE AUBANEL.

Assurément le plus féru, c'est milord Wyse; il a du souffle, celui-là, de l'ardeur et de l'aisance ! Écoutez Balaguer, terrible, doux et fier, et les guitares de Catalogne.

Dans la coupe d'argent, à pleine bouche, buvons le vin gentil de nos ceps. Catalan, Provençal, tout bon félibre sait la loi d'écrire et de boire !

LI FELIBRE DE PARIS

Air : *Aro qu'an tout acaba.*

Li Felibre de Paris
Amon la lengo dou País.

Valènt felibre,
Noste cant libre
Fai fugi la nèblo dou Nord,
E, dins nosto amo,
Cremo la flamo,
Quand dindon nosti rimo d'or.

LES FÉLIBRES DE PARIS

Les Félibres de Paris aiment la langue du pays.

Vaillants félibres, nos libres chants font s'enfuir les brumes du Nord et dans notre cœur, la flamme brûle, quand nos rimes d'or résonnent.

L'iue pur di bloundo,
Blu coume l'oundo,
Es amistous, mai, pèr l'amour,
Noun n'i'a pas uno
Coume la bruno,
La bruno ardènto dou Miejour.

Emé soun bure,
(Lou tron lou cure !)
Lou Nord nous a proun maucoura :
Vivo l'aïoli
E lou bon oli,
La bouiabaisso e *cætera*

La bièro es douço,
Lou cidre mousso
Pèr lis afrejouli sèns vin,
Mai, benurado,
Nosto encountrado
A lou soulèu e li rasin.

L'œil pur des blondes, bleu comme l'onde, est plein de douceur, mais, pour l'amour, il n'en est pas une comme la brune, la brune ardente du Midi.

Avec son beurre : le tonnerre le creuse ! (juron marseillais) le Nord nous a assez écœurés : Vive l'aïoli et la bonne huile, la bouillabaisse, et cætera.

La bière est douce, le cidre mousse pour ceux qui grelottent sans vin, mais, bienheureuse, notre contrée a le soleil et les raisins.

Bos de Boulougno,
Fasèn la mougno
I courso de ti fièr chivau :
Mies nous agrado
Nosto Ferrado
E la noblo courso di brau.

Paris dansaire
Es encantaire,
Mai, à Scèus, quand sian agani,
La farandoulo,
Nous reviscoulo
Lou tambourin nous fai ferni !

Quand la magagno
Nous bouto en lagno,
Zou ! qu'un refrin paradisen,
Cant de cigalo
Que nous regalo,
Clantigue dins l'èr parisien !

Li Félibre de Paris
Amon lengo dou pais

MAURICE FAURE.

Bois de Boulogne, nous faisons triste mine aux courses de tes fiers chevaux, mieux nous plaît notre ferrade, et la noble course des taureaux.

Paris dansant est enchanteur, mais à Sceaux, quand nous sommes exténués, la farandole nous ravive, le tambourin nous fait frémir.

Quand le malaise nous attriste, allons ! qu'un refrain de paradis, chant de cigale qui nous régale, retentisse dans l'air parisien.

PLOU E SOULEIO

Airs de L. Dauphin et Ferd. Poise.

Lou vieiounge plouro;
Nautri cantavian,
Mascara d'amouro
Coumo de Boumian;
Cantavian Marsiho
Que sus un pont nou
Ie plou e souleio,
Ie souleio e plou.

PLUIE ET SOLEIL

La vieillesse pleure; enfants, nous chantions, barbouillés de mûres, en vrais Bohémiens; nous chantions Marseille où sur un pont neuf il pleut et soleille. Il soleille et pleut.

L'aigo poutounejo,
Claro e'n tremoulant,
Si gran paret frejo
E si pieloun blanc ;
De pont tant requiste
Se n'es jamai vist.
Lou souleù i'es triste,
Lou blasin ie ris.

Lou blasin l'arroso,
Pecaïre ! mai leù
La coulour di roso
Ie ven doù souleu...
E li calignaire
Reston aplanta,
Sachent pas que faire,
Ploura vo canta !

L'iver que deslamo
A rout lou pont nou.
Aro es dins moun amo
Que souleio et plou.

L'eau caresse et baise, claire en frissonnant ses grand's parois froides et ses piliers blancs ; de pont si fééerique, jamais on n'en vit. Le soleil y est triste et la pluie y rit.

L'averse l'arrose, hélas ! mais bientôt la couleur des roses lui vient du soleil ; et les amoureux restent là plantés, ne sachant que faire pleurer ou chanter !

L'hiver, ses débacles, ont rompu le pont, et c'est sur mon âme qu'il

Aro tout me bagno
E brulo lou cor,
Rai trempe d'eigagno
O beu blasin d'or !

PAUL ARÈNE.

soleille et pleut; maintenant tout brûle et transit le cœur, rayons qui ruissellent ou claires pluies d'or !

LIS ESTELLO

Air de Weckerlin.

Darrié la mar et li mountagno
Quand s'es amoussa lou soulèu,
Sus lou mounde oumbrun et magagno
    Venon lèu.

Sènso amour la vido es crudèlo
La vido es uno longo niue,
Urous aquéu qu'a pèr estello
    Dous bèus iue !

LES ÉTOILES

Derrière la mer et les montagnes, lorsque s'est éteint le soleil, sur le monde ombre et mélancolie viennent vite.

Sans amour la vie est cruelle, la vie est une longue nuit : heureux celui qui a pour étoiles deux beaux yeux !

Coume uno trèvo, soulitàri
Restave amaga dins moun dou :
Avié fre moun amo en susàri
  Avié pou.

Sènso amour... etc.

Dempièi que dins ma doulour fèro
Tant douço m'as pourgi la man,
O jouvènto ! moun amo espèro
  En t'amant.

Sènso amour... etc.

Ma pauro amo, la cresiéu morto ;
Mai tu ! mé toun sourrire pur,
Amigo, m'as dubert la porto
  Dou bonur !

Sènso amour... etc.

THÉODORE AUBANEL.

Comme un fantôme, solitaire je restais enveloppé dans mon deuil; mon âme en suaire avait froid, elle avait peur.

Sans amour... etc.

Depuis que dans ma douleur farouche, si douce tu m'as tendu la main, ô jouvencelle ! mon âme espère en t'aimant.

Sans amour... etc.

Ma pauvre âme, je la croyais morte ; mais toi avec ton sourire pur, amie, tu m'as ouvert la porte du bonheur !

Sans amour... etc.

LA FARANDOULO

Air connu.

La farandoulo? la faren,
Lou cor gai, la tèsto flourido;
E la faren tant que voudren,
En aio! la taiolo i ren,
La man dins la man, pèr la vido!
E se dardaio lou soulèu
Coume un flume d'or que s'escoulo,
    Lèu! lèu!
La faren, nosto farandoulo!

LA FARANDOLE

La farandole! Nous la ferons, le cœur gai, la tête fleurie; et nous la ferons tant que nous voudrons, tous en joie, la taillole (ceinture provençale) aux reins, la main dans la main pour la vie; et si le soleil flamboie comme un fleuve d'or qui se répand, bientôt! bientôt! nous la ferons, notre Farandole!

Sian li Prouvençau de Paris,
La pèu brounzido e la voues claro.
Quand juliet cansounejo e ris,
Coume s'erian souto lou nis,
Nautri farandoulan encaro.
Foro dou lié, gènt de l'oustau !
E, lou Cifèr dins li mesoulo,
   Dau ! dau !
La faren, nosto farandoulo !

Enca pu bello que Venus,
Nosto Prouvènço encantarello,
Emé si péu sus soun cou nus,
Nous menara dins soun trelus
Vers lou reiaume dis estello.
E touti pourtaren un brout,
Un pichot brout de ferigoulo :
   Zou ! zou !
La faren, nosto farandoulo !

Nous sommes les Provençaux de Paris, la peau bronzée et la voix claire ; quand juillet chantonne et rit, comme si nous étions auprès du nid, nous autres nous farandolons encore. Hors du lit, gens de la maison, et Lucifer dans la moelle (le diable au corps), en avant ! en avant ! nous la ferons, notre Farandole !

Encore plus belle que Vénus, notre Provence enchanteresse, avec ses cheveux sur son cou nu, nous conduira, dans son rayonnement, vers le royaume des étoiles. Et tous nous porterons un brin, un petit brin de thym sauvage. Allons ! allons ! nous la ferons, notre Farandole !

Lou vièi tambourin miejournau
Vounvounara coume uno abiho.
Mèste Aubanèu nous fara gau
Emé si cant de perdigau,
Que soun lou pantai blu di fiho.
E nous fau l'amour, qu'es lou pan,
Lou pan beni que reviscoulo...
    Pan! pan!
La faren, nosto farandoulo!

Avèn la tèsto e lou cor caud,
Se n'i'en a qu'an la tèsto frejo.
Que bello joio! quénti saut,
Quand sus lou flabutet Mistrau
O Roumaniho flahutejo!
E se nous amon pas ansin,
Li mandaren à la Bedoulo...
    Gin! gin!
La faren, nosto farandoulo!

Le vieux tambourin méridional bourdonnera comme une abeille. Maître Aubanel nous réjouira avec ses chants de perdreau, qui sont le rêve bleu des jeunes filles. Et il nous faut l'amour qui est le pain, le pain béni qui fait revivre. Pan! pan! nous la ferons, notre Farandole!

Nous avons la tête et le cœur chauds, s'il en est qui ont la tête froide. Quelles belles joies! quels sauts, quand, sur le galoubet, Mistral ou Roumanille jouent des airs! Et ceux qui ne nous aiment pas ainsi, nous les enverrons à « la Bedoulò » (abattoir de Marseille). Gin! gin! nous la ferons, notre Farandole!

La Venus d'Arle dins lou cèu,
Mau-grat la nivo que l'acato,
Desplegara si bras tant bèu.
O Vincenet, vendras peréu,
Se vèn Mirèio, pauro chato,
Faudra que touï dous, aquest an,
Perqu'avèn mes lou fio sout l'oulo,
    Tan! tan!
La fagués, nosto farandoulo!

Dau! touti li bandiero en l'èr!
E que la Prouvènço pagano,
Amourouso de Balaguèr,
Farandoule en cantant de vers
Emé sa sorre catalano!
Que fan li jouvènt, pareila,
Dins li prat, darrié li piboulo?
    Fla! Fla!
La faren, nosto farandoulo!

La Vénus d'Arles, dans le ciel, malgré la nue qui la voile, déploiera ses bras si beaux. O petit Vincent, tu viendras aussi si Mireille vient, pauvre enfant! Il faudra que tous deux cette année, puisque nous avons mis le feu sous la marmite, tan! tan! vous la dansiez, notre Farandole!

Allons! toutes les bannières au vent, et que la Provence païenne, amoureuse de Balaguer, farandole en chantant des vers avec sa sœur catalane! Que font les jouvenceaux par là-bas, dans les prés, derrière les peupliers? Fla! fla[1] *nous la ferons, notre Farandole!*

Dedins un oulivié nouvèu,
Pèr uno journado estivalo,
T'avèn taia coume se dèu.
O bastoun de noste drapèu
Ounte se pauson li cigalo,
Lis alo cuberto de rai,
E nosto sedo que ventoulo...
      Vai! vai!
La faren, nosto farandoulo!

T'aubouraren dins li campas,
Dins lou trelus e dins la glori;
Pièi, quand revendren dins li mas,
Areno, Faure e Fèlis Gras
Nous diran de bèllis istori.
E vès-aqui que lou soulèu
Coume un grand flume d'or s'escoulo :
      Lèu! lèu!
L'avèn facho, la farandoulo!

CLOVIS HUGUES.

Dans un olivier nouveau, par une journée d'été, nous t'avons taillée comme il convient, ô hampe de notre drapeau où se posent les cigales, les ailes couvertes de rayons, et notre soie flottant au vent... Va! va! nous la ferons, notre Farandole!

Nous te porterons haut dans les champs, en plein rayonnement et dans la gloire. Puis, quand nous reviendrons dans nos mas, Arène, Faure, Félix Gras nous diront de belles histoires. Et voilà que le soleil comme un fleuve d'or se répand: bientôt! bientôt! nous l'avons faite, notre Farandole!

LOU VIN PROUVENÇAU

Air de Ben-Tayoux.

Es bon : n'en beguen pas trop.
Es fort : pousso à la batèsto.
Es caud : fai vira la tèsto.
Es de Sisteroun : emplissen li got.

Aquéu vin es bon, es un vin leiau :
Raiè dou destré de moun brave paire ;
Gardo lou perfum goustous dou terraire ;
Un vin prouvençau pou pas faire mau.

LE VIN PROVENÇAL

Il est bon : n'en buvons pas trop. Il est fort : il pousse à la dispute. Il est chaud : il fait tourner la tête. Il est de Sisteron : remplissons les verres.

Ce vin est bon, c'est un vin loyal : il jaillit du pressoir de mon brave père ; il garde le parfum savoureux du terroir ; un vin provençal ne peut faire de mal.

Ami, se pamens, en levant lou tap,
Vous semblavo ausi de brounzimen d'alo,
Vous esfraiés pas, qu'aco 's la cigalo :
S'encigalaren avans de canta.

Amor qu'es lou biais di calignairis
De faire ploura aquèu que lis amo,
Chourlen lou bon vin, tout soulèu et flamo,
Beguen lou vièi vin qu'assolo e garis.

Li felibre, ai las! se brulon lou cor;
Sempre barbèlant, pantaiant la glori;
Carguen après béure un brout de belori,
E creiren d'avé la cigalo d'or.

Amor que mouri es noste destin,
Dou tèms que sian vièu, beguen, cambarado !
Que sus noste cros la caisso barrado,
Un jour li clerjoun plouraran latin :

Amis, pourtant en enlevant le bouchon, s'il vous semble entendre un bruissement d'ailes, ne vous en effrayez pas, car c'est la cigale : nous nous encigalerons avant de chanter.

Puisque c'est la coutume des amoureuses de faire pleurer ceux-là qui les aiment, buvons le bon vin, tout soleil et flamme, buvons le vin qui console et guérit.

Les Félibres, hélas ! se brûlent le cœur toujours soupirant et rêvant la gloire; mettons à la boutonnière, après boire, un bout de narcisse et nous croirons avoir la cigale d'or.

Puisque mourir est notre destin, tandis que nous sommes vivants, buvons, camarades ! Car un jour, sur notre fosse, le cercueil fermé, les petits clercs pleureront latin.

E s'eilamoundaut, amor que se dis,
Devèn retrouva li jour de jouvènço,
Cantaren i Sant que nosto Prouvènço
Pèr nautre fuguè l'avans-paradis!

PAUL ARÈNE.

Et si là-haut, comme on le dit, nous devons retrouver les jours de jeunesse, nous chanterons aux saints, que notre Frovence pour nous fut l'avant-paradis.

LA
ROUMANÇO DE PÈIRE D'ARAGOUN

Lou Rèi En Pèire mounto à chivau,
E coume un lamp arribo d'avau.
    A chivau,
   Emé sa longo espaso
   Arribo d'eilavau.

A cuirasso d'argènt, casco d'or,
Blouquié d'aram que paro la mort.
    Casco d'or,
   E lanço bèn pounchudo,
   Noun s'enchau de la mort.

LA ROMANCE DE PIERRE D'ARAGON

Le roi Don Pierre monte à cheval et, comme un éclair, il arrive de là-bas; à cheval, avec sa longue épée, il arrive de là-bas.

Il a cuirasse d'argent, casque d'or, bouclier d'airain qui pare la mort; casque d'or et lance bien pointue, il dédaigne la mort.

Lou pople brave e fièr d'Aragoun
S'aubouro e lou seguis, l'armo au poung ;
D'Aragoun
Tout le pople s'aubouro
E boundo, l'armo au poung.

Li dono e li troubaire an ploura :
Bessai lou rèi alin mourira...
Au ploura,
Li dono tant poulido !
Dison que mourira.

Li Pirenèu menèbre, gigant,
Tremolon davans Pèire-lou-Grand.
Mount gigant
An saluda l'armado
Dou rèi Pèire-lou-Grand.

Le peuple brave et fier d'Aragon se lève et le suit l'arme au poing ; d'Aragon tout le peuple se lève et bondit l'arme au poing.

Les dames et les troubadours ont pleuré : peut-être le roi là-bas mourra-t-il... Elles ont pleuré, les dames si jolies ! Elles disent qu'il mourra.

Les Pyrénées sauvages, gigantesques, tremblent devant Pierre-le-Grand. Les monts géants ont salué l'armée du roi Pierre-le-Grand.

I porto de Toulouso, un matin
Picon li cavaucaire Latin.
Un matin,
Bandiero desplegado
Arribon li Latin.

Vite li bèlli dono, i balcoun,
Saludon lou bèu rèi d'Aragoun :
I balcoun
Moron d'amour li dono
Pèr lou rèi d'Aragoun.

Mai éu qu'a lou cor tendre, autant lèu
Estaco soun chivau à l'anèu.
Autant-lèu
A la plus bello dono
Vai porge soun anèu.

Aux portes de Toulouse, un matin, frappent les chevaucheurs latins; un matin, bannières déployées, arrivent les Latins.

Vite les belles dames, aux balcons, saluent le beau roi d'Aragon; aux balcons, meurent d'amour les dames pour le roi d'Aragon.

Mais lui, qui a le cœur tendre, aussitôt attache le cheval à l'anneau; aussitôt à la plus belle dame, il va offrir son anneau.

Noun i'a que lis estello qu'an vist
Lou paréu amourous dins lou nis :
 Lis an vist
  Se douna la becado
  Coume d'aucèu au nis.

Pamens, à la primo-aubo, èro dré
De davans li pourtau de Muret.
 Èro dré
  Coume l'aubre di moure,
  E sarravo Muret.

Mount-fort e si crousaire, subran,
Sorton coume de loup, fan qu'un bram.
 Zou ! subran
  Li lanço s'entre-croson,
  E s'ausis plus qu'un bram.

Les étoiles seules ont vu le couple amoureux dans le nid ; elles les ont vu se donner la becquée comme des oiseaux au nid.

Pourtant, à la prime aube, il était debout ; devant les portes de Muret, il était debout comme l'arbre des mornes et assiégeait Muret.

Montfort et ses croisés, soudain, sortent comme des loups, ne poussent qu'un cri : Hurrah ! Soudain, les lances s'entrecroisent et l'on n'entend plus qu'un cri.

Pèire a sa lanço routo. N'es rèn :
Sa grando espaso sègo à-de-rèng !
Noun, es rèn !
Car soun espaso sègo
Douge tèsto à-de-rèng !

Lou sang ié gisclo au poung, cremesin,
E taco soun chivau sarrasin.
Cremesin
Se mesclo emé l'escumo
Dou chivau sarrasin.

Mai quatre lanço au cop fan soun trau,
E Pèire laisso ana sa destrau.
Fan soun trau
Li lanço empouisounado.
E lacho sa destrau !

Pierre a sa lance rompue. Ce n'est rien : sa grande épée moissonne à la file ! Non, ce n'est rien, car son épée moissonne douze têtes à la file !

Le sang lui jaillit au poing, cramoisi, et tache son cheval sarrazin. Cramoisi, il se mêle à l'écume du cheval sarrazin.

Mais quatre lances à la fois font leur trouée et Pierre laisse tomber sa hache. Elles font leur trouée, les lances empoisonnées, et il laisse tomber sa hache.

Plouras, dono e troubaire ! Es toumba
Lou rèi que pèr Toulouso se bat.
Es toumba
Subre l'erbo flourido...
E finis lou coumbat.

FÉLIX GRAS.

Pleurez, dames et troubadours ! Il est tombé le roi qui pour Toulouse se bat. Il est tombé sur l'herbe fleurie.. et le combat finit.

LOU PORTO-AIGO

Air : *O pescator dell'onda.*

En Arle, au tèms di Fado,
  Flourissié
La rèino Pounsirado,
  Un rousié !
L'emperaire rouman
l'e vèn demanda sa man ;
Mai la bello en s'estremant
  l'e respond : Deman !

L'AQUEDUC

En Arles au temps des Fées florissait la reine Ponsirade, un rosier ! L'empereur de Rome vient lui demander sa main; mais la belle, en s'enfermant, lui répond : « Demain ! »

— O blanco estello d'Arle,
Un moumen !
Escoutas que vous parle
Umblamen !
Pèr un de vosti rai,
Vous proumete bèn verai
Que ço que vous voudrés farai,
O que mourirai.

— Eh ! bèn, diguè la rèino
Siéu à tu,
E jure, malapèino !
Ma vertu,
Que tiéuno siéu de-bon
S'à travès Crau e Trebon
De Vau-cluse sus un pont
M'aduses la font. —

Ravi de la demando,
Eu s'envai,
E tout-d'un-tèms coumando
Lou travai :

« *O blanche étoile d'Arles, un moment ! écoutez que je vous parle humblement ! Pour un de vos rayons, je vous promets bien sûr que je ferai votre vouloir ou que je mourrai.* »

« *Eh bien, la reine dit, je suis à toi, et je jure mes grands dieux, ma vertu, que je suis vraiment tienne, si, à travers la Crau et le Trebon, tu m'amènes sur un pont la fontaine de Vaucluse.* »

Ravi de la demande, lui s'en va, et sur-le-champ commande le

Cènt milo journadié,
Terraioun coume eigadié,
Lèu se groupon i chantié,
Paston lou mourtié.

Aturon vau e baisso
 Niuech e jour;
Mau-grat lis antibaisso,
 Van toujours;
Lou plan es bèn traça;
Lou valat es enqueissa,
Betuma, cubert, caussa :
 L'aigo pou passa.

Esvèntron li mountiho,
 Li touret;
A travès dis Aupiho
 Tiron dre :
L'espetaclous eigau,
Lou porto-aigo senso egau,
Sus l'estang de Barbegau
 Marcho que fai gau.

travail : cent mille journaliers, terrassiers ou fontainiers, s'empressent à l'ouvrage et pétrissent le mortier.

Ils comblent vallées et bas-fonds, nuit et jour; malgré les obstacles, ils vont toujours; le plan est bien tracé; le fossé est encaissé, cimenté, couvert, butté : l'eau peut ruisseler.

Ils éventrent les collines, les buttes; au travers des Alpilles ils percent droit : le prodigieux canal, l'aqueduc sans pareil sur l'étang de Barbegal marche que c'est merveille.

En Arle enfin la Sorgo,
  O bonur!
Un bèu matin desgorgo
  Si flot pur!
Au toumbant clarinèu,
En trepant coume d'agnèu,
Tout un pople palinèu
  Bèu à plen bournèu.

— Vaqui, bello princesso,
  Lou coundu :
Sènso repaus ni cesso,
  L'ai adu...
Ai espera sèt an ;
E pèr querre l'Éridan
Se n'en fau encaro autant,
  Reparte à l'istant.

— Merci, grand emperaire,
  Sias trop bon!
Mai au sou poudès traire
  Voste pont :

Dans Arles enfin la Sorgue, ô bonheur! un beau matin deverse ses flots purs! à la claire chute d'eau, en trépignant comme agneaux, tout un peuple à faces pâles boit à plein tuyau.

« Voilà, belle princesse, le conduit: sans repos ni trève, je l'ai amené... j'ai attendu sept ans ; et pour chercher l'Eridan s'il en faut encore autant, je repars de suite. »

« Merci grand empereur, c'est trop de bonté!. Mais vous pouvez

l'a'n pichot barralié
Que iéu ame à la foulié
E que m'adus l'aigo au lie.
  Adiéu, cavalié. —

Lou prince miserable
  Mouriguè;
Lou porto-aigo amirable
  Periguè...
Jouvènt, anas-ie plan
Em'aquéli bèn semblant,
Car la fe dou femelan
  Passo gaire l'an.

jeter bas votre pont : un petit porteur d'eau, que j'aime à la folie, m'apporte l'eau au lit. Adieu, cavalier ! »

Le prince misérable mourut, l'admirable aqueduc périt... jeunes gens, allez tout doux avec ces beaux semblants-là, car la foi de la femme ne passe guère l'année.

LOU MASET DE MÈSTE ROUMIÉU

Air : *que mèste Roumièu a fa.*

Lou maset de Mèste Roumiéu
Es un maset coume n'i'a gaire :
De-segur, dins tout lou terraire,
Se n'en vèi gès coume lou siéu.

Poudès cerca dins la garrigo :
S'en n'en trouvas un coume aquéu,
Diéu de moun nas fague uno figo
E dous siblet de mi boutéu !

LE MASET DE MAITRE ROUMIEUX

REFRAIN. — *Le Maset (petite villa) de maître Roumieux est un maset comme il n'en est guère. Bien sûr, dans tout le terroir, il ne s'en voit aucun comme le sien.*

Vous pouvez chercher dans la garrigue : si vous en trouvez un comme celui-là, Dieu de mon nez fasse une figue et deux sifflets de mes mollets !

Requinquiha, blanc coume l'île,
Courouna de flour e de gréu,
Dins soun enclaus morgo tranquile,
L'auro, la plueio e lou souléu.

Voulès lou vèire? An! d'aut! en routo!
Alenaren i Tres-Pieloun;
Vers Castanet bèuren la gouto
O tastaren lou court-bouioun.

Sèn arriba. Mi Cambarado,
Digas-me se vous ai menti!
Quouro avès vist dins l'encountrado,
Maset tant bèu e mies basti?

Intras : veirés sus li muraio
De tablèu rudamen pinta,
Un grand naufrage, uno bataio,
Paris dins touto sa bèuta.

Coquettement perché, blanc comme le lys, couronné de fleurs et de bourgeons, dans son enclos, il nargue, tranquille, le vent, la pluie et le soleil.

Vous voulez le voir ! — Allons ! debout ! en route ! Nous respirerons aux Trois-Piliers; vers Castanet, nous boirons le goutte ou nous goûterons le court-bouillon.

Nous sommes arrivés. Mes camarades, dites-moi, si je vous ai menti ! Quand avez-vous vu dans la contrée, Maset si beau et mieux bâti !

Entrez : vous verrez sur les murailles des tableaux rudement peints, un grand naufrage, une bataille, Paris dans toute sa beauté.

Es pas bèn grand : i jour de fèsto,
Souvènti-fes sèn à l'estré ;
Mai, se fai caud, pausan la vesto ;
Barran la porto, se fai fre.

Sarié tèms de se metre à taulo
E de faire un pontoun au vin.
I'a'n bon fricot de cagaraulo,
I'a de merlusso e de lapin.

Sèn court de biasso ? dins la vigno
I'a de tout ; trouvan, sèns sourti,
Un cros pèr la pesco à la ligno...
Pàuri peissoun, vous van rousti !

I'a d'aiet, de poumo-de-terro,
De nabet, de cebo, de fru...
Ie manco pas que la misèro,
O, se i'es, meno pas de brut.

Il n'est pas bien grand : aux jours de fête, souvent nous y sommes à l'étroit ; mais, s'il fait chaud, nous quittons la veste, nous fermons la porte, s'il fait froid.

Il serait temps de se mettre à table et de faire un baiser au vin. Il y a un bon fricot d'escargots, il y a de la morue et du lapin.

Sommes-nous à court de pitance ! Dans la vigne, il y a de tout, nous trouvons, sans sortir, un hameçon pour la pêche à la ligne... Pauvres poissons, on va vous rôtir !

Il y a de l'ail, des pommes de terre, des navets, des oignons, des fruits... Il n'y manque que la misère, ou, si elle y fait, elle ne fait pas de bruit.

Mèste Roumiéu, qu'aimo la casso,
I perdigau calo de las.
Touti li fes que fai fougasso,
Se counsolo em' un cacalas.

E, d'aqueu tèms, quau jogo i boulo,
Quau s'amuso au viro-bouquet,
Quau derrabo de ferigoulo,
Quau pren de flour pèr un bouquet.

Quand vèn la niue, toutis en filo,
D'ùni risènt, d'autri cantant,
Davalan plan-plan à la vilo,
E redisèn, en nous quitant :

Lou maset, etc.

LOUIS ROUMIEUX.

Maître Roumieux, qui aime la chasse, aux perdreaux tend des lacets, toutes les fois qu'il est bredouille, il s'en console avec un éclat de rire.

Et, pendant ce temps, qui joue aux boules, qui s'amuse au bilboquet, qui arrache du thym, qui cueille des fleurs pour un bouquet.

Quand vient la nuit, tous à la file, les uns riant, les autres chantant, nous descendons lentement vers la ville, et nous redisons en nous quittant :

Le maset, etc.

LOU BASTIMEN

Lou bastimen vèn de Maiorco
Emé d'arange un cargamen
An courouna de vèrdi torco
L'aubre-mèstre dou bastimen;
 Urousamen
 Ven de Maiorco
 Lou bastimen.

Lou bastimen es de Marsiho,
Un fin lahut bèn reüssi;

LE BATIMENT

Le bâtiment vient de Majorque avec un chargement d'oranges; on a couronné de guirlandes vertes l'arbre maître du bâtiment; heureusement de Majorque arrive le bâtiment.

Le bâtiment est de Marseille, fine tartane bien réussie; la mer se

La mar se courbo e tèn sesiho
Davans soun bos qu'es benesi,
  Car, Dièu-merci !
  Es de Marsiho
  E benesi...

Es un marin qu'a fa fortuno
Lou capitàni dou veissèu :
Counèis lis Indo uno pèr uno,
Counèis la mar emai lou cèu ;
  Es un aucèu
  Qu'a fa fourtuno
  Entre aigo e cèu.

Pèr touto escolo es esta mossi ;
Mai a manja de broufounié.
S'aubourè lèu entre li soci,
E venguè mèstre timounié :
  Franc marinié,
  Es esta mossi
  E timounié.

courbe et reste calme devant son bois qui est béni, car Dieu merci ! il est de Marseille et béni.

C'est un marin qui a fait fortune, le capitaine ; il connaît bien toutes les Indes, il connaît bien la mer et le ciel ; c'est un oiseau qui fit fortune entre eau et ciel.

Pour toute école il a été mousse ; mais il a mangé du gros temps ! il s'éleva vite entre les camarades, et devint maître timonier en vrai marin, il a été mousse et timonier.

Ero brounza, mai poulit ome,
Quand davalè dou trepadou ;
Raubè la fiho d'un prudome,
D'un vièi prudome pescadou :
    Au terradou.
    Tournè bon ome,
    Bon pescadou.

Pièi de la doto de sa femo
Un bèu lahut se bastiguè,
Car di palangre emai di remo
Lèu fuguè las, e partiguè.
    — Adieu, diguè,
    Ma gènto femo ! —
    E partiguè.

Lou laid carboun — de sa penello
Mascaro pas lou viravout :
Emé tres velo blanquinello,
Fai de camin tant que n'en vou :

Il était bronzé, mais superbe, mais lorsqu'il descendit du tillac ; il enleva la fille d'un prud'homme, d'un vieux prud'homme pêcheur; dans son pays il revint brave, et bon pêcheur.

Puis avec la dot de sa femme il se bâtit un beau navire, car de pêcher et de ramer il fut bientôt las, et il repartit. « Adieu, dit-il, ma petite femme », *et il repartit.*

L'horrible houille ne noircit pas le cabestan de sa gabare : avec

Dins li revou
Vai sa penello
Coume Diéu vou.

Lou bastimen sènt bon qu'embaumo,
Tout flame-nou calafata!
Coume un grand pèis vesti d'escaumo,
Es trelusènt de tout cousta;
Es bèn pinta,
E sènt qu'embaumo
De tout cousta.

Porto tres bonis ancoureto,
Emé Sant Pèire sus la pro...
Sant Pèire, mandas-ie d'aureto,
E gardas-lou contro li ro!
Guidas lou cro
De l'ancoureto
Entre li ro!

trois voiles blanches il fait du chemin tant qu'il veut : dans les remous va sa gabare comme Dieu veut.

Le bâtiment sent comme baume, il est calfaté battant-neuf, comme un grand poisson vêtu d'écailles, il reluit de tous les côtés, il est bien peint, et sent comme baume de tous côtés.

Il porte trois bonnes petites ancres, avec Saint-Pierre sur la proue... Saint-Pierre, envoyez-lui des brises, et gardez-le contre les rocs; Guidez le croc de l'ancre entre les rocs!

An de pèis fres pèr lou divèndre,
An tout lou pèis dou toumple amar.
En coustejant de-vers Port-Vèndre,
Jiton lou gàngui dins la mar :
  Dilun, dimar,
  Dijou, divendre,
  Pihon la mar.

Vèndon la pesco au port de Ceto,
E, lou vènt larg toujour regnant,
Di louvidor e di peceto
Croumpon lou vin de Frountignan.
  Argènt gagnant,
  Cargon à Ceto
  Lou Frountignan.

Dins la tubèio di cigaro,
A Magalouno, au port de Bou,
Cargon de sau, de blad encaro,
E tout es plen de bout en bout ;

Ils ont du poisson frais pour le vendredi, ils ont tout le poisson du gouffre amer. En côtoyant devers Port-Vendre, ils jettent le filet dans la mer : Lundi, mardi, jeudi, vendredi, ils pillent la mer.

Ils vendent la pêche au port de Cette ; et, le vent largue régnant toujours, des louis d'or et des piécettes ils achètent le vin de Frontignan. Avec bénéfice ils chargent à Cette le Frontignan.

Dans la fumée des cigares, à Maguelone, au port de Bouc, ils

Pèr li nebout
l'a de cigaro,
E dou bon bout.

Li porto-fais, gai cambarado,
Li ribeirou, franc Prouvençau,
Entre la vèire dins la rado,
Davans la barco fan tres saut :
— Zou ! à l'assaut,
Gai cambarado ! —
E fan tres saut.

Lou bastimen vèn de Maiorco
Emé d'arange un cargamen :
An courouna de vèrdi torco
L'aubre-mèstre dou bastimen :
Urousamen,
Vèn de Maiorco
Lou bastimen.

chargent du sel, du blé par dessus, et tout est plein d'un bout à l'autre ; pour les neveux il y a des cigares et du bon bout !

Les porte-faix, gais compagnons, les gens du quai, francs Provençaux, dès qu'ils la voient entrer en rade, devant la barque font trois sauts : « Houp ! à l'assaut, gais compagnons ! » et ils font trois sauts.

Le bâtiment vient de Majorque avec un chargement d'oranges : on a couronné de guirlandes vertes l'arbre maître du bâtiment ; heureusement, de Majorque arrive le bâtiment.

CANSOUN NOUVIALO DI FELIBRE

Air : *O Bella Napoli.*

La vido es un desert,
Negras, aurouge,
Clafi de lio souvert,
D'endré ferouge,
E pèr lou travessa,
Se fau teni 'mbrassa ;
Car lou mariage
Soustèn lou viage.

CHANSON NUPTIALE DES FÉLIBRES

La vie est un désert, noir, farouche, tout plein de lieux escarpés, d'endroits sauvages, et pour le traverser, il faut se tenir embrassés, car le mariage fait supporter le voyage.

CHANSON NUPTIALE DES FÉLIBRES

Lou que resto soulet,
 Dison li libre,
Trinasso un gros boulet
 Dins soun jalibre.
Pèr èu vènon jamai
Li risènt mes de Mai,
  E sa cafourno
  Es sèmpre sourno,

Estènt liga d'amour
 L'ome e la femo
Oublidon si doulour
 E si lagremo;
Veson dins soun camin
Que roso e jaussemin :
  Tout i'es beloio,
  Trelus e joio.

Pièi vènon lis enfant,
 Gaio espelido,
Pèr lis amo qu'an fam
 Frucho benido

Celui qui reste solitaire, disent les livres, traîne un gros boulet en son hiver glacé. Pour lui jamais ne viennent les riants mois de Mai, et sa cabane est toujours sombre.

Étant liés d'amour, l'homme et la femme oublient leurs douleurs et leurs larmes; ils ne voient dans leur chemin que jasmins et roses: tout leur est splendeur, rayonnement et joie.

Puis viennent les enfants, riante éclosion; pour les âmes qui ont

Regounfle de cansoun,
D'amour, de languisoun;
Car la famiho
Es pouësio...

Ami, dins lou desert
D'aquesto vido,
A vièure urous e fièr
Tout vous counvido;
Car pèr lou mièus passa
Vous tendrés embrassa :
O, lou mariage
Soustèn lou viage.

ALPHONSE MICHEL.

faim, fruit béni, debordement de chansons, d'amour, de douce langueur; car la famille est poésie.

Amis, dans le désert de cette vie, à vivre heureux et fiers tout vous invite; car pour mieux le traverser, vous vous tiendrez embrassés : oui, le mariage fait supporter le voyage.

LOU RENEGAT

Air connu.

1

Jan de Gounfaroun, pres per de coursari,
Dins li Janissari
Set an a servi :
Fau, enco di Turc, avé la coudeno
Facho a la cadeno
Emai au rouvi.

LE RENÉGAT

1

Jean de Gonfaron, pris par des corsaires, dans les Janissaires a servi sept ans : il faut, chez les Turcs, avoir la peau faite à la chaîne et à la rouille.

Béure l'alegresso
Em'uno mestresso
Es de Mahoumet la felecita ;
Mai sus la montagno
Manja de castagno
Vau mai que l'amour sènso liberta.

Jan de Gounfaroun, perdeguè pacienci,
E de sa counscienci
Faguè bon mercat...
Ah ! perdounas-ie, Segnour adourable !
Aquéu miserable
Es un renegat !

Béure l'alegresso
Em'uno mestresso
Es de Mahoumet la felecita ;
Mai sus la mountagno
Manja de castagno
Vau mai que l'amour sènso liberta.

Boire l'allégresse avec une amie est de Mahomet la félicité ; mais sur la montagne manger des châtaignes vaut mieux que l'amour sans la liberté.

Jean de Gonfaron perdit patience, et de sa conscience il fit bon marché... — Ah ! pardonnez-lui, Seigneur adorable ! ce malheureux a renié sa foi.

Boire l'allégresse avec une amie est de Mahomet la félicité, mais sur la montagne manger des châtaignes vaut mieux que l'amour sans la liberté.

Jan de Gounfaroun lèu faguè fourtuno,
  Car la Miejo-Luno
  I fourban sourris;
E coupé de cou, belèu mai de milo,
  E brulè de vilo
  Coume un antecrist.

  Béure l'alegresso
  Em'uno mestresso
Es de Mahoumet la felecita;
  Mai sus la mountagno
  Manja de castagno
Vau mai que l'amour sènso liberta.

II

Dison qu'en estènt generau d'armado,
  La tèsto enramado
  Emé de lausié, —

Jean de Gonfaron fit bientôt fortune, car le Croissant sourit aux forbans; et il coupa des cous, peut-être plus de mille, et il brûla des villes comme un antéchrist.

Boire l'allégresse avec une amie est de Mahomet la félicité; mais sur la montagne manger des châtaignes vaut mieux que l'amour sans la liberté.

II

On dit qu'en étant général d'armée, un laurier feuillu ombrageant

La fiho dou rèi, poulido e courouso,
E d'éu amourouso
Un jour ie disié :

« Béure l'alegresso
Em' uno mestresso
Es de Mahoumet la felecita ;
E sus la mountagno
Manja de castagno
Vau mens que l'amour sènso liberta.

« Ai dins moun jardin uno verdo teso :
L'auro pounenteso
Ie canto à l'entour
L'aureto de mar, l'auro fresqueirouso,
Que di tuberouso
Escampo l'oudour.

« Béure l'alegresso
Em' uno mestresso
Es de Mahoumet la felecita ;

sa tête, la fille du roi, jolie et brillante, et de lui éprise, lui disait un jour :

« *Boire l'allégresse avec une amie est de Mahomet la félicité, et sur la montagne manger des châtaignes vaut moins que l'amour sans la liberté.*

« *J'ai dans mon jardin une verte allée ; le vent d'Occident y chante à l'entour, le vent de la mer, la fraîche brise, qui des tubéreuses épanche l'odeur.*

« *Boire l'allégresse avec une amie est de Mahomet la félicité, et*

            E sus la mountagno
            Manja de castagno
        Vau mens que l'amour sènso liberta.

        « l'a, souto la teso, un banquet de mabre,
                Contro un argelabre
                Te i' espère aniue.
        Ieu te mandarai moun viéi esclau negre :
                N'as que de lou segre
                En barrant lis iue. »

            « Béure l'alegresso
            Em' uno mestresso
        Es de Mahoumet la felecita ;
            E sus la mountagno
            Manja de castagno
        Vau mens que l'amour sènso liberta. »

---

sur la montagne manger des châtaignes vaut moins que l'amour sans la liberté.

« *Il y a sous l'allée un siège de marbre auprès d'un érable ; ce soir, je t'y attends. Moi, je t'enverrai mon vieil esclave noir, tu n'as qu'à le suivre en fermant les yeux.*

« *Boire l'allégresse avec une amie est de Mahomet la félicité, et sur la montagne manger des châtaignes vaut moins que l'amour sans la liberté.* »

III.

Quau vous a pas di qu'estènt à l'espèro
    De l'ouro proúspèro
    Sus lou ribeirés,
Jan, d'un bastimen preste au décampage
    Entènd l'equipage
    Canta marsihés :

    Béure l'alegresso
    Em'uno mestresso
Es de Mahoumet la felecita :
    Mai sus la mountagno
    Manja de castagno
Vau mai que l'amour sènso liberta.

III

Or croiriez-vous bien qu'étant à l'affût de l'heure prospère sur le rivage, Jean, d'un bâtiment prêt à lever l'ancre, entend l'équipage chanter marseillais :

« Boire l'allégresse avec une amie est de Mahomet la félicité, mais sur la montagne manger des châtaignes vaut mieux que l'amour sans la liberté. »

LE RENÉGAT

Coume l'aigo gisclo a-n-un cop de remo,
  Un flot de lagremo
  Crèbo soun cor dur ;
Lou despatria pènso à la patrio,
  E se desvario
  D'estre emé li Turc.

  Béure l'alegresso
  Em'uno mestresso
Es de Mahoumet la felecita :
  Mai sus la mountagno
  Manja de castagno
Vau mai que l'amour sènso liberta.

E sèns demanda quant vau ni quant costo,
  Vitamen acosto
  Lou pichot lahut ;
E laisso la bello à soun ban de mabre,
  Lou turban, lou sabre,
  E tout lou bahut.

Comme l'eau jaillit sous un coup de rame, un flot de larmes crève son cœur dur ; l'expatrié pense à la patrie, et troublé se reproche d'être avec les Turcs.

Boire l'allégresse avec une amie est de Mahomet la félicité, mais sur la montagne manger des châtaignes vaut mieux que l'amour sans la liberté.

Et sans considérer à quel prix le départ, il accoste vite le petit navire ; et il laisse la belle à son banc de marbre, le turban, le sabre, et tout l'attirail.

Béure l'alegresso
Em'uno mestresso
Es de Mahoumet la felecita :
Mai sus la mountagno
Manja de castagno
Vau mai que l'amour sènso liberta.

Pièi, coume partié, dre sus la tartano ;
« Adiéu, ma sultano !
Diguè lou fena ;
As fa'n paradis de moun purgatori,
Mai, dou languitori,
Me fau enana.

« Béure l'alegresso
Em'uno mestresso
Es de Mahoumet la felecita :
Mai sus la mountagno
Manja de castagno
Vau mai que l'amour sènso liberta. »

Boire l'allégresse avec une amie est de Mahomet la félicité, mais sur la montagne manger des châtaignes vaut mieux que l'amour sans la liberté.

Puis, comme il partait, debout sur la tartane : « Adieu, ma sultane ! dit le sacripant. Tu as fait un paradis de mon purgatoire, mais de nostalgie il faut que je m'en aille.

« Boire l'allégresse avec une amie est de Mahomet la félicité, mais sur la montagne manger des châtaignes vaut mieux que l'amour sans la liberté. »

Car nosto Prouvenço es talamen bello
Que se la rapello
Tau que noun lou crèi :
Nous amourousis e nous descounsolo,
Levant de cassolo
Li fiho de rèi.

Béure l'alegresso
Em'uno mestresso
Es de Mahoumet la felicita :
Mai sus la mountagno
Manja de castagno
Vau mai que l'amour sènso liberta.

Car notre Provence est tellement belle que s'en ressouvient tel qui ne le croit ; elle nous remplit d'amour et de larmes, et supplante même les filles de roi.

Boire l'allégresse avec une amie est de Mahomet la félicité, mais sur la montagne manger des châtaignes vaut mieux que l'amour sans la liberté.

LA CIGALO

Air : *Li Fibo d'Avignoun.*

Dau! Dau!
Brando tis alo,
O ma cigalo!
Dau! Dau!
Fai brusi ti mirau!

Paure bestiàri vert,
Triste, as passa l'ivèr,
Que Jun t'alegre!
A l'aubre escales lèu
E venes negre
I poutoun dou Soulèu.

LA CIGALE

Allons! allons! agite tes ailes, ô ma cigale! Allons! allons! fais bruire tes miroirs (élytres)!

Pauvre petite bête verte, tristement tu as passé l'hiver. Que juin te mette en allégresse! A l'arbre, tu grimpes bientôt et tu deviens noire sous les baisers du soleil.

Amigo di cansoun,
Anouncies la meissoun,
 E ta babiho
E toun galant refrin
 Escarrabiho
L'obro que vai soun trin

De l'esmarra dou nis
Quand l'amo s'aganis,
 Galoi o tèndre,
Que toun cant fouligaud
 Se fague entendre,
Tout ris, tout ie fai gaud!

Dou soudard que languis
Liuen de soun gai païs,
 Toun ségo-ségo
Fai trefouli lou cor
 E i'e boulego
Amour e dous record

Amie des chansons, tu annonces la moisson, et ton babil et ton aimable refrain activent gaîment l'ouvrage, qui va son train.

De l'exilé du nid, quand l'âme est fatiguée, joyeux ou tendre, que ton chant folâtre se fasse entendre! Tout rit, tout le réjouit.

Du soldat qui languit loin de son gai pays, ton ségo-ségo (imitation du chant) fait tressaillir le cœur et lui suscite amour et douce souvenance.

De que i'e dises tant,
Cigaleto, en cantant,
— Que sa famiho
L'espèro, chasque jour,
E que sa mio
A- n'èu penso toujour.

Pèr de caire neblous,
Se quitan toun cèu blous,
Se foro Franço
Nous buto lou destin,
Ta remenbranço
Nous es sèmpre un festin.

Te pourtan au capèu
E sus noste drapèu.
Gènto cigalo,
Sies causo que vesèn
La Capitalo
E la Prouvènço ensèn !

LOUIS ROUMIEUX.

Que lui dis-tu tant, petite cigale, en chantant ? Que sa famille l'attend chaque jour et que sa mie pense toujours à lui.

Pour des climats brumeux, si nous quittons ton ciel bleu, si hors de France nous pousse le destin, ton souvenir nous est toujours un régal

Nous te portons au chapeau et sur notre drapeau. Gentille cigale, c'est grâce à toi que nous voyons la capitale et la Provence unies !

LOU CANT DOU SOULÈU

Air : *Fils de Brennus, chef des Gaules.*

Grand soulèu de la Prouvènço,
Gai coumpaire dou mistrau,
Tu qu'escoules la Durènço
Coume un flot de vin de Crau,

Fai lusi toun blound calèu !
Coucho l'oumbro emai li flèu !
Lèu ! lèu ! lèu !
Fai te vèire, bèu soulèu !

L'HYMNE AU SOLEIL

Grand soleil de la Provence, gai compère du mistral, toi qui taris la Durance comme un flot de vin de Crau,

Fais briller ton blond caleil ! Chasse l'ombre et les fléaux ! Vite ! vite ! vite ! Montre-toi, beau soleil !

Ta flamado nous grasiho,
pamens, vèngue l'estiéu,
Avignoun, Arle e Marsiho
Te reçaupon coume un diéu!

Pèr te vèire, li piboulo
Sèmpre escalon que plus aut,
E la pauro berigoulo
Sort au pèd dou panicaut.

Lou soulèu, ami, congreio
Lou travai e li cansoun,
E l'amour de la patrio,
E sa douço languisoun.

Lou soulèu fai lume au mounde
E lou tèn caud e sadou...
Diéu nous garde que s'escounde,
Car sarié la fin de tout!

Ta flamme nous grille et pourtant, vienne l'été, Avignon, Arles et Marseille te reçoivent comme un dieu!

Pour te voir, les peupliers toujours montent davantage, et le pauvre agaric sort au pied du chardon.

Le soleil, amis, enfante le travail et les chansons, et l'amour de la patrie, et sa douce nostalgie!

Le soleil éclaire le monde, et le chauffe, et le nourrit... Dieu nous garde qu'il se cache, car ce serait la fin de tout!

Fai lusi toun blound calèu!
Coucho l'oumbro emai li flèu!
Lèu! lèu! lèu!
Fai te vèire, bèu soulèu!

Fais briller ton blond caleil! Chasse l'ombre et les fléaux! Vite! vite! vite! Montre-toi, beau soleil!

TABLE

Préface *(Albert Tournier)*	1
Magali *(Mistral)*.	5
Le Pont du Gard *(Aubanel et Arène)*	12
Les Cigaliers *(Félix Gras)*.	15
La Coupe *(Mistral)*.	18
Les Félibres de Provence *(Aubanel)*.	22
Les Félibres de Paris *(Maurice Faure)*.	27
Pluie et soleil *(Paul Arène)*	30
Les Étoiles *(Aubanel)*	33
La Farandole *(Clovis Hugues)*.	35
Le Vin Provençal *(Paul Arène)*	40
La Romance de Pierre d'Aragon *(Félix Gras)* . .	43

L'Aqueduc *(Mistral)*	49
Le Maset de maître Roumieux *(Roumieux)*	54
Le Bâtiment *(Mistral)*	58
Chanson nuptiale des Félibres *(Alph. Michel)*	64
Le Renégat *(Mistral)*	67
La Cigale *(Roumieux)*	76
L'Hymne au Soleil *(Mistral)*	79

www.ingramcontent.com/pod-product-compliance
Lightning Source LLC
LaVergne TN
LVHW052105090426
835512LV00035B/997